Matthias Fiedler

Ideja o inovativnem nepremičninskem ujemanju: enostavno posredovanje nepremičnin

Nepremičninsko ujemanje: učinkovito, preprosto in profesionalno posredovanje nepremičnin prek inovativnega portala za nepremičninsko ujemanje

Kolofon

1. Izdaja v obliki tiskane knjige | februar 2017
(Prvič izšlo v nemškem izvirniku decembra 2016)

© 2016 Matthias Fiedler

Matthias Fiedler
Erika-von-Brockdorff-Str. 19
41352 Korschenbroich
Nemčija
www.matthiasfiedler.net

Izdelava in tisk:
glej natis na zadnji strani

Oblikovanje naslovnice: Matthias Fiedler
Izdelava e-knjige: Matthias Fiedler

ISBN-13 (Paperback): 978-3-947184-57-6
ISBN-13 (E-Book mobi): 978-3-947128-25-9
ISBN-13 (E-Book epub): 978-3-947128-26-6

Bibliografski podatki Nemške narodne knjižnice (Deutsche Nationalbibliothek – DNB):
Nemška narodna knjižnica je publikacijo zavedla v nemško narodno bibliografijo; podrobnejši bibliografski podatki so na voljo na spletnem mestu http://dnb.d-nb.de.

VSEBINA

V pričujoči knjigi razlagam revolucionaren koncept svetovnega portala za nepremičninsko ujemanje (App – aplikacija) z izračunom znatnega potenciala za ustvarjanje prometa (v milijardah evrov), ki se ga integrira v programsko opremo nepremičninskih posrednikov skupaj z vrednotenjem nepremičnin (potencial za ustvarjanje prometa v bilijonih evrov).

Z njim je mogoče učinkovito in hitro posredovati bivalne in poslovne nepremičnine za lastno uporabo ali dajanje v najem. To je prihodnost inovativnega in profesionalnega posredovanja nepremičnin za vse nepremičninske posrednike in interesente za nakup ali najem nepremičnin. Nepremičninsko ujemanje je uporabno v skoraj vseh državah in celo prek meja.

Namesto »nošenja« nepremičnin h kupcu ali najemniku se na portalu za nepremičninsko ujemanje določi kvalifikacije interesentov (iskalni profil) ter primerja in poveže z nepremičninami nepremičninskih posrednikov.

KAZALO

PREDGOVOR

Tukaj opisano idejo o inovativnem nepremičninskem ujemanju sem razdelal in razvil leta 2011.

Na nepremičninskem trgu sem prisoten od leta 1998 (med drugim na področju posredovanja nepremičnin, nabave in prodaje, cenitve, dajanja v najem in razvoja zemljišč). Med drugim sem nepremičninski agent (IHK), diplomirani nepremičninski ekonomist (ADI) in cenilec nepremičnin (DEKRA) ter član mednarodno priznanega nepremičninskega združenja Royal Institution of Chartered Surveyors (MRICS).

Matthias Fiedler
Korschenbroich, dne 31. 10. 2016
www.matthiasfiedler.net

1. Ideja inovativnega nepremičninskega ujemanja: enostavno posredovanje nepremičnin

Nepremičninsko ujemanje: učinkovito, preprosto in profesionalno posredovanje nepremičnin prek inovativnega portala za nepremičninsko ujemanje

Namesto »nošenja« nepremičnin h kupcu ali najemniku se na portalu za nepremičninsko ujemanje (App – aplikacija) določi kvalifikacije interesentov (iskalni profil) ter primerja in poveže z nepremičninami nepremičninskih posrednikov.

2. Cilji interesentov za nakup ali najem in ponudnikov nepremičnin

Za prodajalca nepremičnine in najemodajalca je pomembno, da se nepremičnina proda ali da v najem hitro in po čim višji ceni.

Za interesenta za nakup ali najem je pomembno, da najde nepremičnino, ki ustreza njegovim željam, ter hiter in preprost nakup oziroma najem.

3. Dosedanja praksa pri iskanju nepremičnin

Praviloma si interesenti ogledajo nepremičnine v želeni regiji na velikih spletnih nepremičninskih portalih. Če ustvarijo svoj profil, si lahko od tam prepošljejo nepremičnine oz. seznam posameznih povezav do nepremičnin prek e-pošte. To pogosto naredijo na 2–3 nepremičninskih portalih. Nato praviloma stopijo v stik s ponudniki po elektronski pošti. Ponudniki imajo tako možnost in dovoljenje, da stopijo v stik z interesentom.

Dodatno posamezni interesenti stopijo v stik z nepremičninskimi posredniki želene regije, kjer se spet ustvari iskalni profil.

Ponudniki na nepremičninskih portalih so zasebniki in poslovni subjekti. Poslovni subjekti so pretežno nepremičninski posredniki ter deloma tudi gradbena podjetja, trgovci z nepremičninami in druge nepremičninske družbe (v nadaljnjem besedilu so poslovni subjekti označeni kot nepremičninski posredniki).

4. Slabosti zasebnih ponudnikov/prednosti nepremičninskih posrednikov

Pri nepremičninah za nakup od zasebnih ponudnikov takojšen nakup ni vedno zagotovljen, saj na primer v primeru podedovane nepremičnine ni soglasja ostalih dedičev ali pa manjka sklep o dedovanju. Nadalje prodajo lahko otežujejo nerazrešene pravne zadeve, med drugim bivalna pravica.

Pri najemu nepremičnin se lahko zgodi, da zasebni najemodajalci ne pridobijo uradnih dovoljenj, na primer, če poslovno nepremičnino (površino) dajo v najem kot stanovanje.

Če kot ponudnik deluje nepremičninski posrednik, praviloma zgoraj omenjene vidike razreši že vnaprej. Poleg tega je pogosto že na voljo vsa pomembna dokumentacija o nepremičnini (tloris, lokacijski načrt, energijske izkaznice, vpis v zemljiško knjigo, dokumentacija pristojnih uradov itd.). – tako da je prodajo ali najem možno skleniti hitro in brez zapletov.

5. Nepremičninsko ujemanje

Za hitro in učinkovito iskanje ujemanja med interesentom in prodajalcem oziroma najemodajalcem je praviloma pomembno ponuditi sistematiziran in profesionalen pristop. Pri tem gre pri medsebojnem iskanju med nepremičninskim posrednikom in interesentom za postopek oziroma potek v obratni smeri. To pomeni, da se namesto »nošenja« nepremičnin h kupcu ali najemniku na portalu za nepremičninsko posredovanje (App – aplikacija) določi kvalifikacije interesentov (iskalni profil) ter primerja in poveže z nepremičninami nepremičninskih posrednikov.

V prvem koraku interesenti ustvarijo na portalu nepremičninskih ujemanj konkreten iskalni profil. Ta iskalni profil vsebuje približno 20 značilnosti. Med drugimi so za iskalni profil bistvenega pomena v nadaljevanju navedene značilnosti (seznam ni popoln).

- Regija/poštna številka/kraj
- Tip objekta
- Velikost zemljišča
- Bivalna površina
- Cena za nakup/najem
- Leto gradnje
- Etaže
- Število sob
- Najem (da/ne)
- Klet (da/ne)
- Balkon/terasa (da/ne)
- Vrsta ogrevanja
- Parkirno mesto (da/ne)

Pri tem je pomembno, da se značilnosti ne vnašajo prosto, temveč jih je treba izbrati s klikanjem oziroma z odpiranjem v posameznih poljih (npr. tip objekta) na seznamu vnaprej določenih možnosti/opcij (npr. pri tipu objekta: stanovanje, enodružinska hiša, skladiščna hala, pisarna …).

Interesenti lahko opcijsko ustvarijo več iskalnih profilov. Prav tako je iskalne profile mogoče spreminjati.

Interesenti dodatno v predvidena polja vnesejo popolne podatke za stik. To so priimek, ime, ulica, hišna številka, poštna številka, kraj, telefon in elektronski naslov.
V sklopu tega interesenti tudi podajo soglasje, da lahko nepremičninski posrednik z njimi naveže stik in jim pošilja ustrezne nepremičnine (opise).

Poleg tega interesenti z upravljavcem portala za nepremičninsko ujemanje sklenejo pogodbo.

V naslednjem koraku so iskalni profili prek programskega vmesnika (API – Application

Programming Interface) – kot na primer programski vmesnik »openimmo« v Nemčiji – na voljo pridruženim nepremičninskim posrednikom, še nevidno. Na tem mestu velja omeniti, da ta programski vmesnik – nekakšen ključ za prenos – podpira oziroma prenos omogoča skoraj vsa programska oprema za nepremičninske posrednike, ki se uporablja v praksi. Če ga ne podpira, se to tehnično lahko omogoči. – Ker programski vmesniki, kot so zgoraj omenjeni programski vmesnik »openimmo« in drugi programski vmesniki, v praksi že obstajajo, bi moral biti prenos iskalnih profilov možen.

Zdaj nepremičninski posredniki lahko z iskalnimi profili primerjajo nepremičnine, ki jih imajo na voljo za posredovanje. V ta namen nepremičnine naložijo na portal za nepremičninsko ujemanje in primerjajo posamezne značilnosti ter jih med seboj povežejo.

Po uskladitvi dobijo ujemanje z navedbo ustreznega odstotka. – Pri ujemanjih na primer za več kot 50 % iskalni profili postanejo vidni v programski opremi nepremičninskih posrednikov. Posamezne značilnosti so ovrednotene po pomembnosti (točkovalni sistem), tako da po uskladitvi značilnosti dobijo odstotek ujemanja (verjetnost ujemanja). – Na primer: značilnost »Tip objekta« je pomembnejša od značilnosti »Bivalna površina«. Dodatno je mogoče izbrati določene značilnosti (npr. klet), ki jih ta nepremičnina mora imeti.

Med usklajevanjem značilnosti za ujemanje je treba paziti, da je nepremičninskim posrednikom omogočen dostop le do želenih (rezerviranih) regij. To olajša usklajevanje podatkov, saj posamezni nepremičninski posredniki pogosto delujejo regionalno. – Na tem mestu velja omeniti, da je dandanes mogoče shranjevati in obdelovati velike količine podatkov v tako imenovanih »oblakih«.

Za zagotavljanje profesionalnega posredovanja nepremičnin imajo dostop do iskalnih profilov samo nepremičninski posredniki.

Zato nepremičninski posredniki z upravljavcem portala za nepremičninsko ujemanje sklenejo pogodbo. Po posamezni uskladitvi/ujemanju lahko nepremičninski posredniki stopijo v stik z interesenti in obratno interesenti z nepremičninskimi posredniki. To tudi pomeni, da če nepremičninski posrednik interesentu pošlje opis nepremičnine, je v primeru prodaje ali najema dokazilo o dejavnosti oziroma pravica nepremičninskega posrednika do provizije tudi dokumentirana.

Pogoj za to je, da je lastnik (prodajalec ali najemodajalec) pri nepremičninskem posredniku naročil posredovanje ali da ima slednji dovoljenje, da sme ponujati zadevno nepremičnino.

6. Področja uporabe

Tukaj opisano nepremičninsko ujemanje je mogoče uporabiti za prodajo in najem nepremičnin za bivanje ali poslovne namene. Za poslovne nepremičnine so ustrezno potrebne dodatne značilnosti nepremičnin.

Kot je v praksi običajno, je interesent lahko tudi nepremičninski posrednik, če na primer deluje po naročilu stranke.

S prostorskega vidika je mogoče portal za nepremičninsko ujemanje uporabljati v skoraj vseh državah.

7. Prednosti

To nepremičninsko ujemanje ponuja velike prednosti za interesente, če na primer iščejo v svoji regiji (kraj bivanja) ali v primeru selitve v drugo mesto/regijo zaradi menjave službe iščejo nepremičnino tam.

Iskalni profil ustvarijo samo enkrat, nepremičninski posredniki, ki delajo v želeni regiji, pa jim pošljejo ustrezne nepremičnine.

Za nepremičninske posrednike ponuja velike prednosti, ko gre za učinkovitost in prihranek časa za prodajo oziroma dajanje v najem. Takoj dobijo pregled nad tem, kolikšen je potencial posameznega interesenta za nakup ali najem posamezne nepremičnine, ki jo ponujajo.

Nadalje lahko nepremičninski posredniki neposredno nagovarjajo relevantno ciljno skupino, ki je z ustvarjanjem iskalnega profila konkretno razmislila o želeni nepremičnini (med drugim s pošiljanjem opisov nepremičnin). S tem se poveča kakovost navezovanja stikov z interesenti, ki vedo, kaj iščejo. Pri tem se zmanjša število posledičnih terminov za oglede. – Tako se zmanjša celoten čas trženja nepremičnin za posredovanje.

Po interesentovem ogledu nepremičnin – kot običajno – sledi sklenitev prodajne ali najemne pogodbe.

8. Primer izračuna (potencial) – samo stanovanja in hiše za lastno uporabo (brez najemniških stanovanj in hiš ter poslovnih nepremičnin)

Pričujoči primer jasno kaže, kakšen potencial ima portal za nepremičninsko ujemanje.

Območje dnevnih migracij z 250.000 prebivalci, kot je mesto Mönchengladbach, ima statistično zaokroženo 125.000 gospodinjstev (2 prebivalca na gospodinjstvo). Povprečna stopnja selitev znaša pribl. 10 %. Tako se na leto preseli 12.500 gospodinjstev. – Saldo za priseljevanje in odseljevanje v Mönchengladbach oziroma iz njega pri tem ni bil upoštevan. – Od tega pribl. 10.000 gospodinjstev (80 %) išče nepremičnino za najem in pribl. 2500 gospodinjstev (20 %) nepremičnino za nakup.

V skladu s poročilom o trgu nepremičnin mesta Mönchengladbach je bilo v letu 2012 sklenjenih

2613 nakupov. – To potrjuje prej omenjeno število 2500 interesentov za nakup. Dejansko jih bo več, saj na primer ne bo vsak interesent našel svoje nepremičnine. Po grobi oceni bo število dejanskih interesentov oziroma konkretno število iskalnih profilov dvakrat večje od povprečne stopnje preseljevanja, ki znaša pribl. 10 %, namreč 25.000 iskalnih profilov. To med drugim upošteva dejstvo, da interesenti na portalu za nepremičninska ujemanja ustvarijo več iskalnih profilov.

Omembe vredno je tudi, da je po dosedanjih izkušnjah približno polovica vseh interesentov (kupci in najemniki) svojo nepremičnino našla prek nepremičninskega posrednika, torej skupaj 6250 gospodinjstev.

Po izkušnjah sodeč pa je prek nepremičninskih portalov na internetu iskalo vsaj 70 % vseh gospodinjstev, skupno torej 8750 gospodinjstev (ustreza 17.500 iskalnim profilom).

Če bi 30 % vseh interesentov, to je, 3750 gospodinjstev (ustreza 7500 iskalnim profilom) v mestu, kot je Mönchengladbach, ustvarilo iskalni profil na portalu za nepremičninsko ujemanje (App – aplikacija), bi lahko pridruženi nepremičninski posredniki na leto ponudili ustrezne nepremičnine prek 1500 konkretnim iskalnim profilom (20 %) interesentov za nakup in prek 6000 konkretnim iskalnim profilom (80 %) interesentov za najem.

To pomeni pri povprečnem obdobju iskanja, ki znaša 10 mesecev, in ceni na primer 50 EUR na mesec za vsak ustvarjen iskalni profil, ki ga ustvari interesent, pri 7500 iskalnih profilih potencial za ustvarjanje prometa v višini 3.750.000 EUR na leto v mestu z 250.000 prebivalci.

Če to prenesemo na Zvezno republiko Nemčijo z zaokroženo 80.000.000 (80 milijoni) prebivalcev, je to potencial za ustvarjanje prometa v višini 1.200.000.000 EUR (1,2 milijarde EUR) na leto.

– Če bi namesto 30 % vseh interesentov svoje nepremičnine na portalu za nepremičninsko ujemanje iskalo na primer 40 % vseh interesentov, se potencial za ustvarjanje prometa poveča na 1.600.000.000 EUR (1,6 milijarde EUR) na leto.

Ta potencial za ustvarjanje prometa se nanaša samo na stanovanja in hiše za lastno uporabo. Najemniška oziroma pridobitna stanovanja s področja bivalnih nepremičnin in celoten sektor poslovnih nepremičnin pri tem potencialnem izračunu niso upoštevani.

Če je v Nemčiji pribl. 50.000 podjetij dejavnih na področju posredovanja nepremičnin (vključno z udeleženimi gradbenimi podjetji, trgovci z nepremičninami in drugimi nepremičninskimi družbami) s pribl. 200.000 zaposlenimi in na primer 20 % teh 50.000 podjetij portal za nepremičninsko ujemanje uporablja s povprečno 2 licencama, znaša potencial za ustvarjanje prometa s ceno na primer 300 EUR na mesec na licenco 72.000.000 EUR (72 milijonov evrov) na leto. Poleg tega morajo tamkajšnji iskalni profili izvesti še regionalno rezervacijo, tako da je tu mogoče, v odvisnosti od zasnove, ustvariti še velik dodaten potencial za ustvarjanje prometa.

Nepremičninskim posrednikom zaradi tega velikega potenciala interesentov s konkretnimi iskalnimi profili ne bi bilo treba več stalno posodabljati svoje lastne baze podatkov o interesentih – če jo imajo. Še zlasti, ker bo število trenutnih iskalnih profilov zelo verjetno preseglo število iskalnih profilov, ki jih mnogi nepremičninski posredniki ustvarjajo sami v svojih bazah podatkov.

Če bi se ta inovativni portal za nepremičninsko ujemanje uporabljal v več državah, bi lahko na primer interesenti za nakup iz Nemčije ustvarili iskalni profil za počitniške apartmaje na sredozemskem otoku Majorka (Španija), pridruženi nepremičninski posredniki na Majorki pa bi lahko ustrezen apartma nemškemu interesentu predstavili po elektronski pošti. – Če so poslani opisi nepremičnin napisani v španščini, bi si dandanes interesenti lahko na internetu v kar najkrajšem možnem času prevedli besedilo v nemščino s pomočjo prevajalskih programov.

Da bi bila realizacija ujemanja iskalnih profilov in posredovanih nepremičnin možna brez jezikovnih omejitev, lahko znotraj portala za nepremičninsko ujemanje usklajevanje posameznih značilnosti poteka na podlagi programiranih (matematičnih) značilnosti – neodvisno od jezika – potem pa se jim dodeli ustrezen jezik.

Z uporabo portala za nepremičninsko ujemanje na vseh celinah bi se omenjeni potencial za ustvarjanje prometa (samo interesenti za iskanje) lahko prikazali z zelo poenostavljenim izračunom, kot je prikazano spodaj.

Svetovno prebivalstvo:

7.500.000.000 (7,5 milijarde) prebivalcev

1. Prebivalstvo v industrijskih državah in pretežno industrijskih državah:

   2.000.000.000 (2,0 milijardi) prebivalcev

2. Prebivalstvo držav v vzponu:

   4.000.000.000 (4,0 milijarde) prebivalcev

3. Prebivalstvo držav v razvoju:

   1.500.000.000 (1,5 milijarde) prebivalcev

Letni potencial Zvezne republike Nemčije za ustvarjanje prometa v višini 1,2 milijarde EUR pri 80 milijonih prebivalcev je s spodaj navedenimi privzetimi faktorji prenesen oziroma preračunan na industrijske države, države v vzponu in države v razvoju.

1. Industrijske države: 1,0

2. Države v vzponu: 0,4

3. Države v razvoju: 0,1

Tako dobimo letni potencial ustvarjanja prometa (1,2 milijarde EUR x prebivalstvo (industrijske države, države v vzponu ali razvoju)/80 milijonov prebivalcev x faktor).

1. Industrijske države: 30,00 milijard EUR

2. Države v vzponu: 24,00 milijard EUR

3. Države v razvoju: 2,25 milijarde EUR

Skupaj: **56,25 milijarde EUR**

9. Sklep

S predstavljenim portalom za nepremičninsko ujemanje iskalci nepremičnin (interesenti) in nepremičninski posredniki pridobijo velike prednosti.

1. Interesenti občutno skrajšajo čas iskanja primernih nepremičnin, saj iskalni profil ustvarijo samo enkrat.

2. Nepremičninski posredniki dobijo celoten pregled nad številom interesentov z že izdelanimi konkretnimi željami (iskalni profil).

3. Interesenti prejmejo predstavitve samo želenih oziroma primernih nepremičnin (glede na iskalni profil) od vseh nepremičninskih posrednikov (neke vrste avtomatski predizbor).

4. Nepremičninski posredniki zmanjšajo vložen trud za vzdrževanje individualne

baze podatkov za iskalne profile, saj je stalno na voljo zelo veliko število aktualnih iskalnih profilov.

5. Ker so s portalom za nepremičninsko ujemanje povezani samo poslovni ponudniki/nepremičninski posredniki, imajo interesenti opravka s profesionalnimi in pogosto izkušenimi nepremičninskimi posredniki.

6. Nepremičninski posredniki zmanjšajo število terminov za oglede in skupno trajanje trženja nepremičnine. Prav tako se tudi interesentom zmanjša število terminov za oglede in skrajša čas do sklenitve prodajne ali najemne pogodbe.

7. Čas prihranijo tudi lastniki nepremičnin za prodajo in najem. Nadalje pa imajo tudi finančne prednosti v primeru dajanja nepremičnin v najem zaradi krajšega obdobja prazne nepremičnine in zgodnejšega plačila kupnine v primeru

nakupa nepremičnin na podlagi hitrejše sklenitve najema oziroma nakupa.

Z realizacijo oziroma uporabo te ideje o nepremičninskem ujemanju je na področju posredovanja nepremičnin mogoče doseči pomemben napredek.

10. Vključevanje portala za nepremičninsko ujemanje v novo programsko opremo za nepremičninske posrednike, vključno s cenitvijo nepremičnin

Za konec je lahko oziroma naj bi bil tukaj opisani portal za nepremičninsko ujemanje že od samega začetka bistven del nove – v idealnem primeru po vsem svetu uporabne – programske opreme za nepremičninske posrednike. To pomeni, da nepremičninski posredniki lahko uporabljajo portal za nepremičninsko ujemanje dodatno poleg programske opreme za nepremičninske posrednike, ki jo že uporabljajo, ali v idealnem primeru novo programsko opremo za nepremičninske posrednike, ki vključuje portal za nepremičninsko ujemanje.

Z vgradnjo tega učinkovitega in inovativnega programa za nepremičninsko ujemanje v lastno programsko opremo za nepremičninske posrednike se ustvari temeljna značilnost samostojnega programa v okviru programske opreme za nepremičninske posrednike, ki bo bistvenega pomena pri prodiranju na trg.

Ker cenitev nepremičnin pri posredovanju nepremičnin je in ostaja bistvena sestavina, mora biti v programski opremi za nepremičninske posrednike obvezno vgrajeno tudi orodje za cenitev nepremičnin. Cenitev nepremičnin z ustreznimi izračuni lahko dostopa do relevantnih podatkov/parametrov iz vnesenih/ustvarjenih nepremičnin nepremičninskih posrednikov s povezovanjem. Nepremičninski posrednik dopolni morebitne manjkajoče parametre z lastnim poznavanjem regionalnega trga.

Poleg tega mora programska oprema za nepremičninske posrednike omogočati integracijo tako imenovanih virtualnih ogledov po nepremičninah za posredovanje. To je mogoče izvesti poenostavljeno tako, da se za mobilne telefone in/ali tablice razvije dodaten App (aplikacija), ki posnetek virtualnega ogleda nepremičnine pretežno avtomatsko vgradi oziroma vključi v programsko opremo za nepremičninske posrednike.

Če je učinkoviti in inovativni portal nepremičninskega ujemanja vpet v novo programsko opremo za nepremičninske posrednike poleg cenitve nepremičnin, se spet občutno poveča možni potencial za ustvarjanje prometa.

Matthias Fiedler   Korschenbroich,
                                    dne 31. 10. 2016

Matthias Fiedler
Erika-von-Brockdorff-Str. 19
41352 Korschenbroich
Nemčija
www.matthiasfiedler.net

www.ingramcontent.com/pod-product-compliance
Lightning Source LLC
Chambersburg PA
CBHW071528210326
41597CB00018B/2927